Lernschublade JAHRESZEITEN

Aktionstabletts mal anders –
20 kreative Lernangebote

Praxisreihe
Kindergarten

Inhaltsverzeichnis

Kapitel 3 Winter

Kopiervorlagen

Vorwort

Warum sind Frühling, Sommer, Herbst und Winter wichtig? Und warum verdient das Thema „Jahreszeiten“ ein eigenes Schubladenheft? Vielleicht, weil die Jahreszeiten – zusammen mit den Essenszeiten – das erste verlässliche Instrument sind, das Kindern zur Verfügung steht, wenn sie Zeit verstehen lernen. Das direkte Erleben der Jahreszeiten gibt uns Halt und Struktur im Hier und Jetzt. Seit Urzeiten orientieren sich die Menschen an den Jahreszeiten, ihren spezifischen Eigenheiten wie Sonnenstand, Geschehen in der Natur, Temperatur, Wetter und Stimmung.
Aber zum Thema „Jahreszeiten“ gehört auch das Wissen über die jeweilige Saison, ihre Erntefrüchte und auch das Wissen über Bräuche und Feste. Dieses Wissen stellt einen wichtigen Schwerpunkt im Bereich der kulturellen und interkulturellen Bildung dar.

Kinder lernen auf vielfältige Weise: durch Nachahmen, Erproben, Experimentieren, Vergleichen und durch Wiederholen. Natürlich auch durch Fragenstellen und durch die eigene selbstständige Antwortsuche. Auf diese Weise können sich die Kinder auch dem Thema „Jahreszeiten“ nähern: durch eigenes Erleben und durch Verarbeiten der Eindrücke und Erfahrungen, die sie in der Natur sammeln.

Aktionstabletts sind dafür beispielsweise bestens geeignet. Gerade mit diesen kleinen, bunten Ideen lassen sich die Interessen und Erfahrungen der Kinder aufgreifen. Die Kinder können mit diesen selbstständig und mit viel Selbstmotivation ans Werk gehen. Auch ich setze solche Tabletts sehr gerne und vielfältig ein. Doch sie haben im praktischen Alltag einen Nachteil: Wo verstaut man sie, wenn sie gerade nicht im Einsatz sind, besonders dann, wenn man mehrere gleichzeitig bereithält? Aus dieser Überlegung heraus entstand die Idee der Lernschubladen.

Die Lernschubladen unterstützen die Lust der Kinder am Spielen, Rätseln, Zuordnen. Ihre enthaltenen Spiele sind eine Einladung zum Entdecken, ein Impuls zum Forschen und – ganz wichtig – zum selbstbestimmten Lernen. Die Kinder verstehen sehr schnell, wie sie sich eine Schublade nehmen können, denn es ist nichts anderes, als wenn sie sich ein Puzzle oder ein Spiel aus dem Regal nehmen.

Gleichzeitig sind Spielschubladen eine kostengünstige Anschaffung, und wenn Sie die Kinder bei der Herstellung mit einbeziehen, sind Ihre Schubladen umso interessanter. Je nach Alter, kognitiven Fähigkeiten und Wissensstand Ihrer Kinder bietet es sich an, jede Lernschublade zunächst einzuführen und gemeinsam zu besprechen. Als Publikum für die Einführung einer solchen Schublade reicht oft eine Kleingruppe, da die Kinder dieser Gruppe sehr gerne ihr schon erworbenes Wissen an Interessierte weitergeben. So kann aus Ihren Lernschubladen ein Selbstläufer werden. Learning by doing: Manche Inhalte der Schubladen sind allerdings auch selbsterklärend und die Kinder finden bei der Beschäftigung damit selbst heraus, was und wie sie spielen und knobeln können. So ermöglichen Sie den Kindern selbstbestimmtes Lernen ohne große vorherige Erklärungen und kommen der Neugier und der Entdeckerfreude der Kinder noch mehr entgegen.

Alle hier aufgeführten Spiele und Lernanregungen sind selbstverständlich in genau dieser Form in der Praxis getestet worden. Falls Sie die Lernschubladen im U3-Bereich einsetzen möchten, verwenden Sie bei den Gegenständen am besten Dinge, die nicht verschluckt werden können.

Aus eigener Erfahrung kann ich sagen, dass diese Lernschubladen nicht mehr aus unserem Gruppenraum wegzudenken sind. Sie werden immer wieder umgestaltet, neu bestückt und bleiben dadurch interessant. Auch die Kinder selbst sind inzwischen zu Erfindern von Lernschubladen geworden. Einmal hergestellte Schubladen müssen auch nicht verloren gehen! Bei uns werden sie verstaut und zu einem späteren Zeitpunkt nach Interesse und Lust der Kinder wiederverwendet. Dadurch entsteht ein Fundus an Möglichkeiten, wie in einer Bücherei.
Und übrigens: Mit den einzelnen Schubladen ermöglichen Sie nicht nur Grunderfahrungen zu den Jahreszeiten. Auch andere Kompetenzbereiche wie Feinmotorik und Konzentration, Ausdauer, Beobachtung und Alltagswissen trainieren die Kinder dabei selbst.

So arbeiten Sie mit diesem Heft

Dieses Buch bietet viele Ideen für Lernschubladen zum Thema „Jahreszeiten“, die Sie individuell auswählen, kombinieren und einsetzen können. Die einzelnen Spielideen enthalten Altersangaben zur besseren Orientierung. Diese sind natürlich relativ und nur als Vorschlag zu verstehen. Niemand kennt Ihre Kinder so gut wie Sie und kann abschätzen, ob oder ab wann die Schubladen unter- bzw. überfordern.

Beachten Sie beim Einsatz dieser Schubladen: Sie sind keine Pflichtübung. Vielmehr sollten die Spielideen mit den Schubladen Spaß machen, eine Einladung sein, einen Impuls zum selbstbestimmten Lernen bieten und die Kinder kognitiv herausfordern.

Ich wünsche Ihnen viel Freude an der Herstellung und beim Einsatz der Lernschubladen!

Die Kapitel dieses Heftes gliedern sich in folgende Grundelemente

- **Sachwissen:**
  Besonderheiten der jeweiligen Jahreszeit stehen hier im Mittelpunkt.
- **Formen:**
  Jahreszeiten, die spezifisch visuelle Wahrnehmungsfähigkeit im Bereich „Formen erkennen“ fördern.
- **Feinmotorik:**
  Durch Tätigkeiten wie Fädeln, Schneiden, Falten und Gestalten werden die Hand- und Fingergeschicklichkeit sowie die Auge-Hand-Koordination trainiert.
- **Farben:**
  Farben korrekt erkennen und benennen können.
- **Vergleichen und ordnen:**
  Gegenstände anhand von Eigenschaften wie Form, Farbe, Gebrauch vergleichen, ordnen und sortieren.
- **Zahlen:**
  Ziffernsymbole mit Zahlen verknüpfen, Mengen begreifen, zählen und erste Rechenabenteuer.

Der Schubladenturm: So stellen Sie Ihre Grundausstattung schnell selbst her

1. Wenn Sie die Spiele und Lernanregungen aus diesem Buch als Lernschubladen anbieten möchten, beginnen Sie mit der **Anschaffung eines Schubladenturms** aus Karton. Dieser wird im Handel mit je drei oder vier Schubladen angeboten. Die Schubladen sind meist etwas größer als DIN A4 (27 x 31 x 8 cm).

2. Die vielen Vorlagen in diesem Buch helfen Ihnen, **die Schubladen zu bestücken** (Sie müssen diese nur noch auf die richtige Größe kopieren). Das geforderte Material ist zumeist in Ihrer Einrichtung vorhanden. So können Sie mit sehr wenig Zeitaufwand gemeinsam mit den Kindern immer neue Schubladen erfinden. Beobachten Sie, wie groß das Interesse der Kinder an den einzelnen Schubladen ist. Verlieren Ihre Kinder das Interesse an einer Schublade, ist es an der Zeit, sie auszutauschen. Bewahren Sie sie auf, so steht sie für einen späteren Einsatz wieder bereit.

3. Beziehen Sie bei der Herstellung die Kinder mit ein, so steigt bei ihnen die Motivation, sich später mit dem Angebot zu befassen. Genauso kann eine **Einführung** wichtig sein, in der Sie gemeinsam die jeweilige Aufgabe der Schublade und die Gegenstände, die darin vorkommen, besprechen können. Sie können aber auch so vorgehen, dass Sie wenig oder nichts besprechen und die Kinder selbst herausfinden lassen, was genau hier gefordert ist.
   Erörtern Sie den Inhalt und den Verwendungszweck des Spiels/der Lernanregung nur so weit, dass die Kinder nicht das Interesse daran verlieren, und nur so tiefgehend wie nötig. Dies kann in der Kleingruppe oder im Morgenkreis geschehen und je nachdem, wie stark die Kinder am Entwicklungsprozess der Schublade beteiligt waren.

4. Praktischerweise passt jede Anregung genau in eine Schublade. Dazu gestalten Sie **jeweils einen DIN-A4-Bogen Tonkarton als Unterlage**, der genau in Ihre Schublade im Schubladenturm passen sollte (dabei die Höhe beachten, damit die Kinder die Schublade bequem aufziehen und einschieben können!). Mithilfe des Tonkartons ist es leichter, einen Spielaufbau komplett aus einer Schublade herauszuheben, und, wenn nötig, beispielsweise auf einem Tisch abstellen zu können.

5. **Laminieren** Sie die Einzelteile, soweit es geht, ein, so werden die Formen, Figuren und Gegenstände aus Papier langlebiger. Das Laminieren wird in der Herstellung im Buch nicht mehr ausdrücklich erwähnt, ist aber zumeist notwendig bzw. hilfreich. Wenn Sie laminieren, können Sie den Tonkarton für die Herstellung von Spielfiguren natürlich auch durch Papier ersetzen. Fixieren Sie zudem die meisten Einzelteile mit Heißkleber.

6. Um **Ordnung** in der Schublade zu halten, werden Schachteln zur Aufbewahrung von Kleinteilen gefaltet. Die Anleitung dazu finden Sie auf den folgenden Seiten.

Das Innenleben

Anleitung für die „Ordnung-in-der-Schublade-Schachteln"
Diese schnell selbst gefalteten Schachteln sorgen für Ordnung in Ihren Lernschubladen. Mit dieser Schritt-für-Schritt-Anleitung können Sie immer wieder passende Schubladen in verschiedenen Größen herstellen. Falls Sie keine Lust zum Falten haben, können Sie auch gekaufte Pappschachteln, kleine Kartons von Umverpackungen, beispielsweise von Schmuck oder Uhren, verwenden.

➡ **Schritt 1:** Für eine Schachtel benötigen Sie ein quadratisches Stück festes Papier, beispielsweise aus einem DIN-A4-Bogen abgeschnitten.

➡ **Schritt 2:** Das Papier einmal diagonal falten. Wiederholen Sie diesen Faltschritt mit der anderen Seite, sodass sich die Faltlinien kreuzen. Falten Sie nun alle Ecken zum Mittelpunkt. Ihr Papier sieht nun so aus:

➡ **Schritt 3:** Jetzt die obere und untere Kante/Seite zum Mittelpunkt falten und wieder zurück. Die Arbeit drehen und mit den zwei anderen Kanten/Seiten wiederholen, sodass Sie diese Form vor sich haben:

➡ **Schritt 4:** Falten Sie das Blatt nun komplett wieder auf: Schneiden Sie das Papier jetzt viermal ein. Jeweils an zwei gegenüberliegenden Seiten, bis zum mittleren Quadrat.

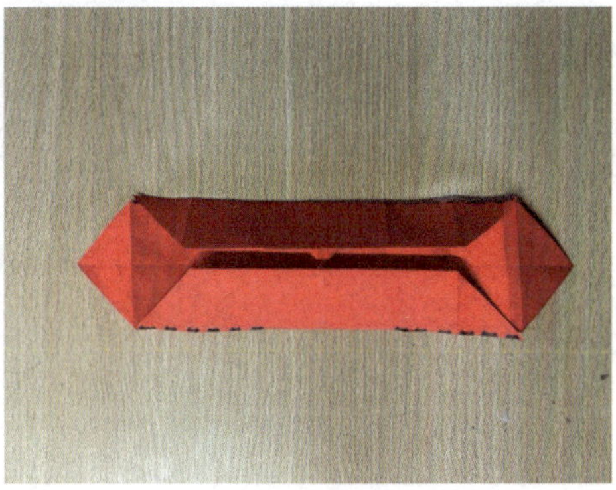

➡ **Schritt 5:** Die beiden großen Seitenteile (auf dem Foto rechts und links) an der Faltlinie des mittleren Quadrats nach innen falten und so den Rand der Schachtel hochdrücken. Alle vier Spitzen nach innen falten, sodass Sie diese schon fast fertige Schachtel erhalten:

➡ **Schritt 6:** Jetzt nur noch die beiden gegenüberliegenden Seiten über die Seitenteile klappen und die Schachtel ist fertig.

Kapitel 1

Frühling

Im Frühling erwacht die Natur zu neuem Leben: Bäume und Blumen blühen und bekommen Blätter, Krabbeltiere lassen sich wieder blicken und die Farben kehren in die Welt zurück. Schon seit Urzeiten feiern die Menschen den Neubeginn des Lebens mit fröhlichen Festen. Passend dazu bestücken Sie die Frühlings-Lernschubladen mit Spielmaterialien wie Blumen, Spielzeugbienen und -schmetterlingen. Die Schubladen spiegeln auf diese Weise das wider, was die Kinder direkt in der Natur erfahren haben.

1 Schneeglöckchen

Das Schneeglöckchen macht den Anfang: Wenn Ihre Kinder diese kleine Pflanze entdecken, dann neigt sich der Winter dem Ende entgegen, etwas später im Jahr folgen Krokus, dann Tulpe, Narzisse und Hyazinthe. Auf den Wiesen sprießen schon früh im Jahr Gänseblümchen und Löwenzahn. In dieser Lernschublade entdecken die Kinder diese frühblühenden Blumen von der Wurzel/Zwiebel bis zur Blüte.

Alter ab 4 Jahren

Ziele Feinmotorik, Sachwissen, visuelle Wahrnehmung, Konzentration, Merkfähigkeit

Material Kopiervorlage „Frühlingsblumen 1, 2 & 3", Farbstifte, 7 x DIN-A5-Papier, blaues Papier, Schere, Kleber, Tonkarton (Unterlage), Fotos von Frühblühern

Herstellung

Kopieren Sie die Einzelteile der Blumen von den drei Kopiervorlagen und schneiden Sie sie grob zu, sodass jedes Teil einzeln vorliegt.
Zum Legen der Pflanzen brauchen Sie sieben weiße DIN-A5-Blätter. Die Blätter bekleben Sie in den oberen beiden Dritteln hochkant mit dem blauen Papier.

Einführung: Selbstständig spielen und entdecken

Mit einer Kleingruppe betrachten Sie die Einzelteile. Die Kinder werden anhand der Blütenformen schnell herausfinden, um welche Pflanzen es sich handelt. Die Blüten werden farblich passend gestaltet. Dazu malen die Kinder als Erstes die Blüten an: Die Gänseblümchenblüten können die Kinder natürlich weiß lassen, die Blüten von Löwenzahn, Hyazinthe und den anderen Blumen müssen die Kinder richtig ergänzen. Dabei hilft ein Blick aus dem Fenster oder auf die von Ihnen bereitgestellten Fotos der Frühblüher: Hier können die Kinder selbst feststellen, welche Farben die Blüten haben. Tulpen können auch in mehreren Farben blühen. Lassen Sie die Kinder entscheiden, welche Farbe sie hier auswählen möchten.
Jetzt sind die Stängel dran. Zuerst anmalen, dann ordnen die Kinder jeden Stängel mit seinen Blättern der richtigen Blüte zu. Als Hilfe können Sie für die Kinder auch hier Fotos von echten Pflanzen bereithalten, an denen sich die Kinder orientieren können.
Nun folgt das Wurzelwerk oder die Zwiebel. Die Wurzel des Gänseblümchens und die lange Pfahlwurzel des Löwenzahns lassen sich vielleicht am schnellsten zuordnen. Die fünf Zwiebeln haben unterschiedliche Größen und die Reihenfolge von klein nach groß ist: Schneeglöckchen, Krokus, Hyazinthe, Tulpe, Narzisse. Die Kinder können nun noch Zwiebeln und Wurzeln anmalen.

Kleben Sie die Wurzeln und Zwiebeln auf den noch weißen Teil der vorbereiteten DIN-A5-Blätter. Die Kinder gestalten um die Wurzeln und Zwiebeln die Erde mit brauner Farbe.
Die Kinder entdecken die Frühlingsblumen nun immer wieder neu, indem sie den passenden Stängel der Zwiebel oder der Wurzel zuordnen. Anschließend darf an jeden Stängel die passende Blüte.

Wurzeln und Zwiebeln sind nicht das Gleiche!
Pflanzen wie Schneeglöckchen, Krokus und Tulpe haben Zwiebeln. Die Zwiebeln sind aber nicht die Wurzeln der Pflanzen. Nur die Härchen oder kleinen Fortsätze ganz am unteren Ende der Zwiebel sind im botanischen Sinne wirklich Wurzeln. Die Zwiebeln selbst sind Speicherorgane mit Nährstoffen für die Pflanzen. Sie ermöglichen es diesen frühblühenden Pflanzen, sich durch Schnee und Eis zu kämpfen und zu einer Zeit zu blühen, in der es vielen anderen Pflanzen noch zu kalt ist. Denn sie enthalten eine Art Frostschutzmittel, das die Pflanze widerstandsfähig gegen niedrige Temperaturen macht.

2 Blütendetektive

Verwirrend, wie viele unterschiedliche Blütenformen es gibt! Noch seltsamer: Manche Blumen können unterschiedliche Blütenfarben haben …

Alter ab 3 Jahren

Ziele Wiedererkennen, Farbenlehre, Formen, Unterscheiden, Zuordnen, Konzentration, Aufmerksamkeit

Material Kopiervorlage „Blütenformen", Papier in 6 Farben (davon einmal weiß), Holzspieße, brauner Tonkarton, grüner Tonkarton (Unterlage), Schere, Kleber, stabiler Karton, nach Wunsch: grüne Wassermalfarbe

Herstellung

Übertragen Sie die Vorlage „Blütenformen" auf weißes Papier und schneiden Sie die Blüten aus. Aus dem braunen Tonkarton formen Sie sechs etwa gleiche Rollen (nicht höher als die Schublade!). Die Rollen schneiden Sie am unteren Ende etwa einen Zentimeter weit ein, sodass Sie Laschen nach außen biegen können. Die Laschen bestreichen Sie mit Klebstoff und kleben die Rollen als „Vasen" auf dem Boden der Lernschublade an. Auf jede Vase kleben Sie nun noch eine weiße Blüte.

Einführung: Selbstständig spielen und entdecken

Gemeinsam mit den Kindern stellen Sie die Lernschublade fertig: Betrachten Sie mit den Kinder zuerst die verschiedenen Blütenformen auf den „Vasen": Welche Unterschiede erkennen die Kinder?

Stellen Sie eine Schablone für jede Blüte her. Die Kinder legen die Schablone auf das bunte Tonpapier und umfahren Sie mit einem Stift. Nun kommt ein Trick: Damit Sie mit den Kinder nicht alle sechs Blütenformen fünfmal ausschneiden müssen, legen Sie vor dem Ausschneiden immer ein oder zwei Bogen buntes Papier übereinander. Sie sollten am Ende von jeder Blütenform fünf verschiedenfarbige Blüten hergestellt haben. Später können Sie noch weitere oder doppelte Farben ergänzen. Jede Blüte kleben Sie an einen Holzspieß, den die Kinder nach Wunsch noch grün bemalen können.
Die Kinder ordnen die Blüten nun der passenden Vase zu. Dabei unterscheiden sie die Blüten nur anhand der Formen, nicht anhand der Farbe.

3 Die Frühlingsfee sammelt Farben

Die Frühlingsfee sammelt die Farben des Frühlings anhand von bunten Blüten. Sie verstaut sie in ihrem Sammelbehälter.

Alter ab 2 Jahren

Ziele Farbenlehre, Merkfähigkeit, Feinmotorik, Ausdauer, Wiedererkennen

Material Kopiervorlage „Blütenspiel", Schachtel (beispielsweise Teeverpackung, etwa 10 × 10 × 20 cm), Tonpapier in verschiedenen Farben, Tonkarton in 6 verschiedenen Farben, Tonkarton (Unterlage), Würfel, Schere, Kleber

Herstellung

Ummanteln Sie die Teeschachtel mit Tonpapier Ihrer Wahl. Stellen Sie die Schachtel hochkant und schneiden Sie die obere Seite (Schmalseite) ab. Auf diese Weise wird die Schachtel zu einem „Sammelbehälter" für das spätere Würfelspiel. Die Schachtel sollte auf diese Weise gut in die Schublade passen. Im oberen Teil der Schachtel bringen Sie einen waagerechten Schlitz an. Er sollte so groß sein, dass die Kinder später die ausgeschnittenen Blüten einwerfen können.

Um die Blüten herzustellen, übertragen Sie die Vorlage auf bunten Tonkarton.

Sie sollten von jeder der sechs Farben mindestens zwei Blüten herstellen. Den Würfel bekleben Sie mit den sechs Farben der Blüten.

Auf der Schachtel können Sie die „Fee" aufbringen, die ist nicht zwingend notwendig, schafft aber einen größeren Anreiz für das Spiel.

Einführung: Selbstständig spielen und entdecken

Legen Sie von jeder Farbe eine Blüte auf den Tisch. Besprechen Sie mit den Kindern die Farben und benennen Sie sie gemeinsam. Die Kinder würfeln nun reihum und zeigen jeweils auf die Blüte, die die gleiche Farbe hat wie die Würfelseite. Nehmen Sie nun die vorbereitete Schachtel als „Sammelbehälter“ hinzu: Die Kinder können ihre Blüten in den Schlitz werfen.
Lassen Sie die Kinder selbstständig, beispielsweise zu zweit oder dritt, die Schublade in Form eines „Schubladen-Regelspiels“ ausprobieren. Dabei können sich die Kinder selbst Spielregeln ausdenken: Die Kinder würfeln immer einmal reihum und stecken eine Blüte in der erwürfelten Farbe in den Schlitz. Ist keine Blüte der Farbe mehr da, wird der Würfel an das nächste Kind weitergegeben. Es wird so lange gewürfelt, bis keine Blüten mehr vorhanden sind. Sind alle Blüten im Behälter, können die Kinder durch einfaches Anheben der Schachtel die Blüten wieder hervorholen und von Neuem beginnen.

Tipp

Im U3-Bereich können Sie auch nur drei Farben für die Blüten auswählen, dann bekleben Sie jeweils zwei Seiten des Würfels mit der gleichen Farbe.

4 Bunte Schnecken

Schnecken lassen sich im Frühling bestimmt auch in Ihrem Kita-Garten blicken. In dieser Schublade kommen außergewöhnliche Schnecken mit ganz bunten Häuschen zu Besuch. Für die Kinder hält diese Schublade eine ganz besondere Schau-genau-Aufgabe bereit.

Alter ab 2 Jahren

Ziele Vergleichen, Zuordnen, Konzentration, Erkennen

Material Kopiervorlage „Schnecke“, Farbstifte, grüner Tonkarton, Tonkarton (Unterlage), Schere, Kleber

Herstellung

Kopieren Sie die Vorlage der Schnecke in einer geraden Anzahl, aber mindestens so, dass Sie die Schnecke zwölfmal zur Verfügung haben. Bitten Sie die Kinder, immer zwei Schnecken genau gleich auszumalen. Es sollten auf diese Weise also mindestens sechs gleiche Schneckenpaare entstehen.
Schneiden Sie die Schnecken aus und kleben Sie sie auf den grünen Tonkarton, der vorher zu 10 × 8 cm großen Karten zugeschnitten wurde.

Einführung: Selbstständig spielen und entdecken

Legen Sie von jedem Paar eine Schnecke aus. Einen Partner einer Schnecke legen Sie gleich dazu. Können die Kinder die restlichen Partner richtig zuordnen, sodass sich die Schneckenpaare wiederfinden?

Tipp

Das Spiel kann immer wieder erweitert werden. Sie können auch die Schneckenkärtchen umdrehen, mischen und nach den Memoryspiel-Regeln weiterspielen, bis alle Paare gefunden sind.

5 Hilfe für den Osterhasen

Eine Osterschublade für die Kinder: Bei diesem Spiel kommt der Osterhase zu Besuch und braucht etwas Hilfe. Haben die Kinder Lust, dem Osterhasen beim Sortieren seiner Ostereier zu helfen?

Alter ab 3 Jahren

Ziele Zahlen, Mengen, Feinmotorik, Zählen, Zuordnen, Konzentration

Material Kopiervorlage „Osterhase“, 6 Eier (aus Styropor oder Holz), gelbe Fingerfarbe, 6 Duschringe, Pinsel, schwarzer Filzstift, Zange oder Pinzette (je nach Größe der Eier), weißes und grünes Papier, gelber Tonkarton (Unterlage), Schere, Kleber

Herstellung

Legen Sie den gelben Tonkarton als Unterlage in die Schublade. Bemalen Sie die sechs Eier mit gelber Fingerfarbe. Nach dem Trocknen malen Sie auf jedes Ei Punkte: auf das erste Ei einen, auf das zweite Ei zwei und so weiter, bis alle sechs Eier Punkte bekommen haben. Damit die Eier in der Schublade nicht lose herumkullern, können Sie aus grünem Faltpapier eine kleine Schachtel mit einem Henkel als Körbchen falten, in der die Eier ihren Platz bekommen können. Auf das weiße Papier zeichnen Sie sechs Eier, die sie gelb anmalen und dann ebenfalls je mit einem bis sechs Punkten bemalen. Schneiden Sie die Eier mit etwas Platz drumherum als rechteckige Zettelchen aus, wie auf dem Foto zu

sehen. Ordnen Sie die sechs Duschringe auf dem gelben Tonkarton an und kleben Sie sie fest. Hinter oder neben jedem Ring kleben Sie die Zettel mit den aufgemalten Eiern auf. Wenn Sie mögen, können Sie nun noch die Kopiervorlage kopieren und den Hasen gemeinsam mit den Kindern anmalen. Der Hase ist nicht zwingend notwendig, macht das Spiel aber für die Kinder reizvoller. Legen Sie noch die Zange bzw. die Pinzette hinzu, und schon ist die Schublade spielbereit.

Einführung: Selbstständig spielen und entdecken

Lassen Sie die Kinder die Schublade in Ruhe betrachten. Was fällt ihnen auf? Genau: Auf den Eiern sind Punkte – und auf den Zetteln auch. Die Kinder können die Eier aus dem Körbchen nehmen und untersuchen. Zählen Sie gemeinsam die Punkte. Nun können die Kinder der Reihenfolge nach (beispielsweise von wenig bis vielen Punkten) sortieren. Ob die Kinder die Eier für den Osterhasen in die passenden Serviettenringe legen können? Was ist dabei zu beachten? Ob das auch mit der Zange/Pinzette klappt?

Tipp

Sie können auch Zahlen anstatt der Punkte an die Duschringe schreiben. Dann lernen die Kinder gleich, Zahlen beziehungsweise Ziffern mit Punktemengen in Beziehung zu setzen.

Kapitel 2

Sommer

Der Sommer ist die wärmste und sonnenreichste Jahreszeit im Jahr. Zur Sommerzeit gehören für die Kinder bestimmt Eis und fruchtige Getränke, und auch das Thema „Wasser“ ist jetzt besonders präsent. Darum freuen sich die Kinder in ihren Sommer-Schubladen auf Spielerfahrungen rund um Sonne, Wasser und natürlich leckeres Eis.

6 Smoothies

Aus Früchten wie Orange, Kiwi & Co. lassen sich leckere Smoothies oder Shakes herstellen, die dann die Farbe der Frucht haben. Wer findet heraus, aus welchem Obst diese leckeren Drinks entstanden sind?

Alter ab 3 Jahren

Ziele Früchte kennenlernen, Farbenlehre, Merkfähigkeit, Konzentration, Feinmotorik

Material Kopiervorlage „Smoothie", Farbstifte, Schere, Kleber, weißes Papier, weißer Tonkarton, Trinkhalme oder Holzspieße, Tonkarton (Unterlage)

Herstellung

Kopieren Sie die Früchte von der zugehörigen Kopiervorlage. Bemalen Sie die Früchte in ihren typischen Farben, beispielsweise: Banane – gelb, Erdbeere – rot, Blaubeere – blau, Zitrone – gelb, Kiwi – grün, Orange – orange. Das Glas kopieren Sie sechsmal. Passend zu den Früchtefarben bemalen Sie ein Glas rot, das nächste gelb, das übernächste blau usw. Schneiden Sie aus dem Tonkarton sechs Rechtecke aus (beispielsweise je 4 × 8 cm) und kleben Sie jedes Rechteck zu einer Rolle zusammen. Die Rollen senkrecht aufstellen und die „Gläser" ankleben. Einen Trinkhalm oder Holzspieß so kürzen, dass er ins Glas gestellt noch etwa 2–3 Zentimeter über das Glas hinausragt. In die Früchte noch ein Loch stechen oder stanzen, das etwas größer ist als der Durchmesser des Trinkhalmes.

Einführung: Selbstständig spielen und entdecken

Betrachten und benennen Sie mit den Kindern die einzelnen Früchte. Stellen Sie die „Gläser" hinzu und lassen Sie die Kinder nachdenken, welche Aufgabe hier an sie gestellt sein könnte. Die Kinder ordnen die Früchte passend den Gläsern zu. Dazu können sie die Früchte immer auf den Trinkhalm oder Spieß aufstecken.

Tipp

Erweitern Sie die Gläsersammlung und gestalten Sie weitere Früchte nach Ideen der Kinder: Wie wäre es z. B. mit einem violetten Glas mit Traubensaft? So haben die Kinder eine größere Auswahl. Auch Gemüse wie Karotten, rote Beete, Spinat oder Gurke kann die Trinksammlung in Ihrer Schublade ergänzen.

7 Angelspiel

Dieses Angelspiel passt praktischerweise komplett in eine Lernschublade. Angelspiele machen den Kindern nicht nur viel Spaß, sondern sie trainieren auch wunderbar die Auge-Hand-Koordination.

Alter ab 2 Jahren

Ziele Feinmotorik, Konzentration, Geschicklichkeit, Ausdauer

Material stabiles weißes Malpapier (DIN-A4), Farbstifte, Schere, Kleber, Klebefilm, Büroklammern, Schnur, zwei Magnete (Geomac oder Pins), blaues Papier, 2 Holzstäbe (ca. 25 × 1 cm), blauer Tonkarton (Unterlage)

Herstellung

Vierteln Sie das DIN-A4-Malpapier durch Falten und Ausschneiden in vier gleich große Stücke. Auf die entstandenen „Kärtchen" zeichnen die Kinder Fische (oder andere angelbare Meerestiere) nach ihren eigenen Ideen. Die Fische ausschneiden und an jedem Fisch mittig mit Flüssigkleber eine Büroklammer befestigen. Von der Schnur schneiden Sie zwei ca. 40 cm lange Stücke ab und befestigen diese an einem Ende der Holzstäbe. Am anderen Ende der Schnur den Magneten dann mit Klebefilm befestigen.

Einführung: Selbstständig spielen und entdecken

Kleiden Sie die Schublade als „Meer“ von innen mit blauem Papier aus. Legen Sie die Fische einfach in die Schublade. Die Kinder versuchen nun die Fische durch Anziehen mit dem Magneten am Ende der Angelschnur aus dem „Meer“ zu holen.

Tipp

Sie können die Fische auch mit Zahlen von 1 bis 10 beschriften. Dann müssen die Kinder die Fische in der richtigen Reihenfolge angeln.

8 Eisdiele

Im Sommer haben Eisdielen natürlich Hochsaison. Schauen Ihre Kinder auch so gern zu, wenn die Eisverkäufer:innen die Eisportionen in die Kekstüten füllen? Das können die Kinder in diesem Spiel nachspielen. Toll, dass sie dabei auch gleich das Farbenerkennen und die Farbennamen üben können.

Alter ab 3 Jahren

Ziele Farbenlehre, Zuordnen, Wiedererkennen, Konzentration, Feinmotorik

Material Kopiervorlage „Eistüten“, 12 bunte Pompons (ca. 1,5–2 cm Durchmesser), brauner Tonkarton, Tonkarton im DIN-A4-Format in einer Farbe nach Wunsch, Tonkarton (Unterlage), Farbstifte in den Farben der Pompons, Schere, Kleber

Herstellung

Übertragen Sie die Kopiervorlage für die großen Eistüten viermal auf den braunen Tonkarton. Schneiden Sie die Tütenvorlagen aus und kleben Sie sie zu Tüten mit spitzem Ende zusammen. Kleben oder stellen Sie an eine kurze Seite der Schublade ein Stück Karton in der Breite der Eistüten und kleben die Tüten dort an. So bleiben die Eistüten stehen.

Die Vorlage für die Aufgabenschildchen mindestens dreimal kopieren. Die Kinder bestücken die Eistüten in der Schublade mithilfe der Zangen jeweils mit drei Pompons pro Tüte und übertragen das Farbenmuster auf die Vorlage. Dann wieder neu die Pompons in den Eistüten mischen und eine neue Vorlage genauso bemalen. Diesen Vorgang können Sie so oft wiederholen, wie Sie Vorlagen gestalten wollen.

Einführung: Selbstständig spielen und entdecken

Die Kinder schlüpfen hier in die Rolle der Eisverkäufer:innen. Sie schnappen mit der Zange bunte Pompons und stecken sie nach den Angaben auf den Schildchen korrekt in die Eistüten. Dabei sollten die Kinder auch genau arbeiten. Denn wenn für die letzte Eistüte nicht mehr die passenden „Eiskugeln“ vorhanden sind, hat man irgendetwas falsch gemacht.

Tipp

Mit dieser Schublade können die Kinder natürlich auch frei Rollenspiele erfinden und sich gegenseitig Eis „verkaufen", ohne die genaue Anordnung der Bällchen/Pompons in den Tüten zu beachten – einfach, weil es so viel Spaß macht!

9 Mein Schatten

Wenn die Sonne scheint, verfolgt er uns ständig. Je nach Sonnenstand ist er mal größer und mal kleiner: unser Schatten! Er zeigt uns unsere Körperumrisse verzerrt oder ziemlich realistisch auf dem Boden oder auf Wänden. In dieser Schublade sind Adleraugen gefragt, denn es geht um das genaue Unterscheiden von Schattenumrissen.

Alter ab 3 Jahren

Ziele Vergleichen, Konzentration, Zuordnen, Feinmotorik

Material Kopiervorlage „Mein Schatten 1 & 2", gelber Tonkarton, weißes und schwarzes Papier, Farbstifte, Schere, Kleber, Tonkarton (Unterlage)

Herstellung

Kopieren Sie die Vorlage und schneiden Sie die Figuren grob zu. Gemeinsam mit den Kindern malen Sie die einzelnen Figuren an. Legen Sie dann die bemalte Vorlage auf das schwarze Papier und schneiden beide gleichzeitig – jetzt etwas genauer – aus. So sind die Figuren genau gleich: Zu jeder Kinderfigur haben Sie nun einen korrekten Schattenumriss.
Aus dem gelben Tonkarton schneiden Sie zehn Kärtchen etwa in der Größe 8–12 cm zu. Darauf kleben Sie die schwarzen Figuren. Die Kinderfiguren können Sie, wie auf dem Foto zu sehen, zusätzlich laminieren, sodass sie für viele Spiele haltbar werden.

Einführung: Selbstständig spielen und entdecken

Machen Sie an sonnigen Tagen draußen doch einmal Selbstversuche mit dem eigenen Schatten. Unser Schatten zeigt nur unsere Umrisse, aber trotzdem ist er ansonsten ein genaues Abbild von uns.
Können die Kinder die Schatten den richtigen Figuren zuordnen? Dazu müssen die Kinder schon sehr genau hinschauen. Sie können sich auch bei dieser Schublade selbst überprüfen, indem sie die Figuren auf die Schattenumrisse auflegen, um zu erkennen, ob die Umrisse übereinstimmen.

10 Fische im Meer

Fische spielen die Hauptrolle in dieser Lernschublade. Um den Fischen die richtige Wäscheklammer zuzuordnen, sollten die Kinder schon etwas Grundwissen über Zahlen, Mengen und Ziffern mitbringen.

Alter ab 4 Jahren

Ziele Mengen erkennen, Zahlen kennenlernen, Zählen, Feinmotorik

Material Kopiervorlage „Fische im Meer“, weißer Tonkarton, 10 verschiedene Farbstifte, schwarzer Filzstift, 10 Holz-Wäscheklammern, Schere, Kleber, Tonkarton (Unterlage)

Herstellung

Kopieren Sie die Vorlage auf stabilen weißen Tonkarton. Dann malen Sie immer die Fische in der gleichen Farbe an, die sich im gleichen „Kuchenviertel“ befinden. Den Hintergrund um die Fische herum können Sie blau als „Meerwasser“ anmalen.
Auf die Wäscheklammern schreiben Sie jeweils eine Zahl von eins bis zehn. Damit sich die Kinder selber überprüfen können, malen Sie auf der anderen Seite der Wäscheklammer einen farbigen Punkt in der Farbe auf, in der auch die Fische der Zahl auf dem Kreis ausgemalt sind. Sind beispielsweise bei Ihnen fünf Fische in der Farbe Rot angemalt, steht auf der einen Seite der Wäscheklammer die Ziffer 5, auf der anderen Seite ist ein roter Punkt.

Einführung: Selbstständig spielen und entdecken

Erkennen die Kinder, was auf der kreisförmigen Vorlage zu sehen ist? Die Kinder werden die unterschiedliche Anzahl an Fischen entdecken. Jetzt kommen die Wäscheklammern ins Spiel: Sprechen Sie die einzelnen Zahlen durch, die Kinder können die Zahl auch mal mit den Fingern zeigen. Können die Kinder nun jede Wäscheklammer an der richtigen Stelle an den Kreis anheften? Die Zahl auf der Klammer sollte genau der Anzahl der Fische entsprechen. Wenn die Kinder die Wäscheklammer abnehmen und umdrehen, können sie am farbigen Punkt erkennen, ob sie richtig gezählt haben.

Kapitel 3

Herbst

Wenn sich die Blätter der Bäume langsam bunt färben und die Erntezeit gekommen ist, dann beginnt der Herbst. In den Herbstschubladen warten spannende Obst- und Gemüse-Rätselaufgaben auf die Kinder und natürlich jede Menge Spielspaß mit bunten Blättern, Wind und Naturmaterial.

11 Blätter und Früchte

Draußen beim Spielen und Toben können die Kinder jetzt das bunte Herbstlaub genießen. Haben Sie schon einmal festgestellt, dass jede Baumart ihre ganz eigene spezielle Blattform hat? Kennen die Kinder vielleicht schon einige Bäume mit ihren Blättern und Früchten? In dieser Lernschublade puzzeln die Kinder jedem Baum sein richtiges Blatt zu.

Alter ab 3 Jahren

Ziele Blätter und Früchte von Bäumen kennenlernen, Merkfähigkeit, Konzentration, Zuordnen, Unterscheiden

Material Kopiervorlage „Blätter und Früchte 1 & 2", weißer Tonkarton, gelbes, grünes und orangefarbenes Ton- oder Kopierpapier, Schere, Kleber, Farbstifte in verschiedenen Braun- und Grüntönen, Tonkarton (Unterlage)

Herstellung

Kopieren Sie die Kopiervorlage „Blätter und Früchte von Bäumen" einmal auf weißes Papier und ein weiteres Mal (diesmal nur die Blätter) auf grünes Papier. Alle Blätter müssen Sie nun einzeln ausschneiden. Die Früchte malen Sie mit grünen und braunen Farbstiften an und schneiden Sie ebenfalls aus.

Schneiden Sie nun noch jeweils drei Quadrate (etwa im Format 22 × 22 cm) aus orangefarbenem und gelbem Papier zu und kleben Sie sie schachbrettartig auf den weißen Tonkarton.
Kleben Sie in jedes der Quadrate eine weiße (!) Blattform und die passende Frucht.

Einführung: Selbstständig spielen und entdecken

Betrachten Sie mit den Kindern die Vorlagen: Wissen die Kinder schon manche Baumnamen? Sprechen Sie jedes einzelne Blatt durch und überlegen Sie gemeinsam, wie der Baum, zu dem es gehört, heißt. Und wie heißen die Früchte dieses Baumes? Nicht alle Baumfrüchte haben eigene Namen! Können die Kinder nun die Blätter passend zu den Früchten zuordnen? Beim Rätseln helfen den Kindern die weißen Vorlagen!

Bäume und ihre Früchte
Eiche – Eichel
Buche – Buchecker
Kastanie – Kastanie
Birke – Birkensamen
Linde – Lindenfrucht
Ahorn – Ahornsamen

Tipp

Sie können hier auch Bilder von echten Bäumen zeigen, dann wird das Bild der Bäume realistisch dargestellt. Drucken Sie die Namen der Bäume mit Großbuchstaben geschrieben aus und kleben sie in das passende Quadrat. Vielleicht finden Sie auch draußen echte Baumfrüchte (Kastanien, Bucheckern, Eicheln usw.), die Sie mit in die Lernschublade aufnehmen können.

12 Was schwebt denn da?

Macht es Ihren Kindern auch so viel Spaß, Blätter im Herbstwind zu fangen? So ähnlich wie das echte Fangen funktioniert diese Lernschublade, bei der Kinder selbst Wind spielen und dabei ihre Feinmotorik und Auge-Hand-Koordination schulen.

Alter ab 3 Jahren

Ziele Feinmotorik, Konzentration, Geduld

Material 1 Bogen dicker Karton, Cutter-/Teppichmesser (benutzen nur Erwachsene!), 6 große Flaschendeckel, 3 Nägel (ca. 2 cm lang), grünes und blaues Papier, Schere, Kleber, Bleistift, Lineal, Tonkarton (Unterlage)

Herstellung

Schneiden Sie den Karton für diese Lernschublade etwas größer als DIN A4 zu. Legen Sie den Karton nun hochkant/senkrecht und messen ca. 8 cm vom oberen Rand und ca. 4 cm vom unteren Rand ab. Ziehen Sie jeweils eine waagrechte Linie. Jetzt werden drei Linien senkrecht beginnend vom oberen Strich bis zum unteren Strich gezeichnet. Jeweils eine

gerade Linie, eine Wellen- und eine Zickzacklinie. Mit dem Cuttermesser ritzen Sie diese Linien ein. Diese Aufgaben übernehmen Sie wegen der Verletzungsgefahr selbst. In der Breite können Sie beim Ritzen etwas großzügiger sein, damit sich die „Blätter" später besser schieben lassen. Den unteren Teil mit grünem und den Rest als Himmel mit blauem Papier bekleben und erneut die Linien einritzen.
In die sechs Flaschendeckel mittig mit dem Nagel ein Loch stechen. Wenn nötig können Sie auch einen Hammer verwenden. In drei der Deckel wird der Nagel von der glatten Seite her durchgestochen. Den Deckel verschließen/bekleben Sie dann, während der Nagel noch einsteckt, mit blauem Papier. Stecken Sie den Nagel durch eine der geritzten Linien. Drehen Sie den Karton um und stecken Sie von der anderen Seite den zweiten Flaschendeckel auf. Mit Kleber können Sie nun alles gut fixieren und mit Klebeband den Nagel überkleben. Falls nötig, können Sie vor dem Kleben die Spitze des Nagels mit dem Hammer noch etwas plattklopfen, um die Verletzungsgefahr zu reduzieren.
Zum Schluss malen Sie auf das grüne Papier noch drei kleine Blättchen auf und kleben sie auf die Vorderseite der Deckel.

Einführung: Selbstständig spielen und entdecken

Auch in der echten Natur fallen Blätter nicht einfach senkrecht vom Baum herunter. Sie drehen sich vielleicht oder werden vom Wind weggepustet. Fragen Sie doch mal die Kinder, ob sie mit den Armen und Händen vormachen können, wie die Blätter fallen. Dabei können die Kinder auch die Begriffe „gerade Linie, Zickzack- und Wellenlinie" kennenlernen. Jetzt können die Kinder diese Linienformen selbst nachfahren, indem sie die Blätter in dieser Lernschublade „von den Bäumen fallen lassen“ und auf dem Karton verschieben. Dabei schulen die Kinder ihre feinmotorischen Fähigkeiten und die Auge-Hand-Koordination.

Tipp

Sie können den Karton mit den Kindern noch ansprechender gestalten! Fragen Sie die Kinder nach Ideen, vielleicht möchten Sie noch eine Baumkrone mit Stamm und noch mehr Blätter aufkleben?

13 So viel buntes Obst!

Obst und Gemüse bieten uns eine bunte Farbpalette. So gibt es rote Äpfel, blaue Pflaumen, orangefarbene Aprikosen und grüne Birnen. Jede der Früchte wächst an einem Baum.

Alter ab 2 Jahren

Ziele Farbenlehre, Ordnen, Wiedererkennen, Merkfähigkeit

Material Kopiervorlage „Obst“, weißes Tonpapier, Schere, Kleber, Farbstifte, weißes Papier, Tonkarton (Unterlage)

Herstellung

Kopieren Sie die Vorlage der Früchte. Die Kinder können die Früchte mit der jeweils passenden Farbe bemalen, beispielsweise die Äpfel rot, die Birnen grün, die Pflaumen blau und die Pfirsiche orangefarben. Gestalten Sie dazu passend vier Bäume (in diesem Beispiel ca. 25 cm hoch). Malen Sie vier Quadrate auf, die auf den Baumstamm passen, und bemalen einen in Rot, einen in Blau, einen in Grün und einen in Orange. Alle vier ausschneiden und auf je einen der Baumstämme kleben. Alternativ und je nach Vorrat können Sie stattdessen auch entsprechend farbige Klebepunkte verwenden. Das Obst einzeln ausschneiden. Falten Sie eine Schachtel für das Obst.

Einführung: Selbstständig spielen und entdecken

Sprechen Sie mit den Kindern das Obst namentlich durch. Bestimmen Sie Farben und überlegen Sie gemeinsam, wo es wächst. Legen Sie die vier Bäume dazu: Können die Kinder das gesamte Obst nach Farben den passenden Bäumen zuordnen?

Tipp

Besorgen Sie doch auch echtes Obst in den passenden Farben. So können die Kinder die Früchte auch probieren! Statt von jeder Farbe „nur“ drei Früchte herzustellen, können Sie noch mehr Obst anmalen und ausschneiden!

14 Eicheln, Bucheckern & Co.

Sammeln Sie mit Ihren Kinder draußen doch mal Kastanien, Eicheln und Bucheckern. Diese Herbstschätze können Sie prima für diese Lernschublade nutzen!

Alter ab 3 Jahren

Ziele Baumfrüchte kennenlernen, Ordnen, Vergleichen, Merkfähigkeit, taktile Wahrnehmung

Material Kopiervorlage „Baumfrüchte“, Baumfrüchte (Kastanien, Nüsse, Bucheckern, Eicheln), fünf Schachteln, Schere, Kleber, Farbstifte, Tonkarton (Unterlage)

Herstellung

Stellen Sie als Erstes fünf Faltschachteln aus grünem Tonpapier her. Nun kopieren sie einfach die Vorlage der Baumfrüchte, bemalen die einzelnen Früchte und schneiden sie aus. Die Bilder kleben Sie anschließend auf die fünf Schachteln. Dabei können Sie darauf achten, dass die größeren Früchte wie Kastanie und Zapfen auch die größeren Schachteln bekommen.

Einführung: Selbstständig spielen und entdecken

Die Kinder können als Erstes die Früchte betasten, erfühlen und in Ruhe kennenlernen. Wissen die Kinder, wie diese Früchte und Zapfen heißen? Von welchem Baum kommen sie? Danach können die Kinder die Kastanien, Nüsse, Eicheln, Zapfen und Bucheckern in das jeweils richtige Behältnis sortieren.

Tipp

Bei Ihnen gibt es in diesem Jahr keine Eicheln oder Bucheckern? Auch Haselnüsse, Esskastanien, Hagebutten oder Fichtenzapfen können Sie jetzt im Herbst vielleicht finden – und in Ihr Spiel integrieren. Die Kinder möchten gern mit Zangen oder Löffeln sortieren? Schauen Sie in den Küchenschubladen nach, was den Kindern Spaß machen könnte!

15 Wurm drin!

Mmmmh, Äpfel schmecken superlecker. Aber nicht nur wir Menschen lassen uns das knackige Herbstobst gern schmecken. Auch verschiedene Tierchen sind an dem süßen Fruchtfleisch interessiert. In dieser Schublade kommen kleine Würmer vorbeigekrochen, um den Kindern ein kniffliges Mathe-Rätsel zu stellen.

Alter ab 4 Jahren

Ziele Zahlen/Mengen erkennen, Zählen, Konzentration, Merkfähigkeit, Feinmotorik

Material Kopiervorlage „Apfel“, hellgrüner, roter und gelber Tonkarton, braunes und dunkelgrünes Tonpapier, schwarzer Filzstift, Schere, Kleber, Cutter-/Teppichmesser (benutzen nur Erwachsene!), Tonkarton (Unterlage)

Herstellung

Übertragen Sie die Vorlage vom *Apfel* zehnmal auf den roten Tonkarton und schneiden Sie die Äpfelchen aus. Bringen Sie mit dem Cuttermesser die Schlitze an: Diese Aufgabe übernehmen Sie am besten selbst. Ritzen Sie zwei parallele Linien wie auf den Fotos zu sehen ein.

Gestalten Sie aus dem braunen Tonpapier einen Stiel und aus dem grünen ein kleines Blatt. Kleben Sie beides an den Apfel. Auf jeden Apfel schreiben Sie nun noch eine Zahl von eins bis zehn.

Für den *Wurm* übertragen Sie die Vorlage des Kreises zehnmal auf den gelben Tonkarton und 55-mal auf den grünen Tonkarton. Alle Kreise ausschneiden. Hinter jedem der zehn gelben Kreise (als Kopf) wird jetzt immer ein grüner Kreis mehr angeklebt. Auf diese Weise stellen Sie unterschiedlich lange Würmchen mit Kreisen von einem bis zu zehn grünen Kreisen her. Den Würmchen noch ein Gesicht aufmalen.

Einführung: Selbstständig spielen und entdecken

Spielen Sie den Kindern mit dem kleinsten Wurm (nur ein Kreis) eine kleine Geschichte vor: Erzählen Sie als Würmchen, dass Sie sehr gerne Äpfel essen. Je mehr Äpfel das Würmchen frisst, desto größer wird es. Legen Sie jetzt die zehn Äpfel dazu. Stecken Sie Ihr Würmchen in die Zahl eins. Danach ordnen die Kinder den Wurm mit den zwei Kreisen dem richtigen Apfel (dem Apfel mit der aufgemalten 2) zu. Fahren Sie fort, bis der Wurm am letzten Apfel angekommen ist. Wissen die Kinder, wie sie die genaue Länge des Wurmes feststellen? Genau, indem sie die grünen Kreise zählen! Jetzt können es die Kinder ganz allein probieren.
Anschließend möchten die Kinder die Äpfel vielleicht noch in die richtige Reihenfolge von eins bis zehn legen?

Tipp

Damit Sie den Wurm nicht 55-mal einzeln ausschneiden müssen, legen Sie vor dem Ausschneiden immer einige Bögen Tonkarton übereinander.

Kapitel 4

Winter

Die Winterschubladen nehmen Sie und die Kinder mit in die Welt von Kälte, Eis und Schnee. Bei Kälte muss man an die richtige Kleidung denken, damit man nicht friert. Wer das weiß, der kann auch die Lernschubladen ganz schnell lösen. Auch Schneemänner und Wintervögel kommen zu Besuch für viele spannende Lernschubladen-Abenteuer.

16 Winterkleidung

Wer im Winter draußen nicht frieren will, der muss sich warm anziehen. Mit dieser Schublade können die Kinder das selbstständige Anziehen üben. Sie kleiden hier nämlich selbst gemachte Anziehpuppen an.

Alter ab 2 Jahren

Ziele Bekleidung kennenlernen, Reihenfolgen erfassen, Merkfähigkeit, Feinmotorik

Material Kopiervorlage „Anziehpuppen", Kopiervorlage „Winterkleidung", Farbstifte, Schere, Malpapier, feste Pappe, Tonkarton (Unterlage)

Herstellung

Kopieren Sie die Vorlage „Anziehpuppen" auf feste Pappe und schneiden Sie die Figuren aus. Die Vorlage für die Winterkleider kopieren Sie gleich doppelt auf weißes Malpapier. Auch die Kleidungsstücke schneiden Sie einzeln aus. Gemeinsam mit den Kindern können Sie Figuren und die Kleider farbig anmalen.

Einführung: Selbstständig spielen und entdecken

Betrachten Sie mit den Kindern die beiden Anziehpuppen. Die beiden Kinder (die Puppen) möchten gern nach draußen, doch dort ist es heute bitterkalt. Was müssen sie alles anziehen, um nicht zu frieren. Und in welcher Reihenfolge geht das am besten? Legen Sie gemeinsam mit den Kindern die Kleidungsstücke auf die Figuren. Die Kinder sollten dabei die Reihenfolge beachten. Denn vor den Handschuhen zieht man erst die Schuhe an und vor den Schuhen die Hose. Wenn die Kinder das anders sehen, dann machen Sie

eine Trockenübung: Die Kinder ziehen sich probeweise an, um nach draußen zu gehen: Was kommt hier als Erstes? Die Erfahrungen aus dem „echten" Anziehversuch können die Kinder auch beim Ankleiden der Puppen mit einbringen.

Tipp

Fertigen Sie doch noch weitere Kleidungsstücke in anderen Farben an, dann können die Kinder entscheiden, welche „Farbe" sie den Figuren anziehen möchten. Kinder, denen dies Freude macht, können sogar eigene Modekollektionen entwerfen und ihre Figuren immer neu und interessant einkleiden.

17 Unser bunter Weihnachtsbaum

Einen Weihnachtsbaum zu schmücken macht Ihren Kindern bestimmt Spaß. Diese Mini-Weihnachtsbäumchen sind aus Papier. Alle weißen Stellen sollen hier bunt werden. Ob die Kinder die Bäumchen richtig schmücken können?

Alter ab 3 Jahren

Ziele Unterscheiden, Vergleichen, Konzentration, Wiedererkennen

Material Tonpapier in Dunkelgrün, weißes Papier, Tonpapier in verschiedenen Farben, Schere, Kleber, Tonkarton (Unterlage), eventuell Ausstanzer

Herstellung

Gestalten Sie aus dem dunkelgrünen Papier und mithilfe der Kopiervorlage zwei bis vier etwa gleich große Tannenbäume. Schneiden Sie Formen wie Herzen, Sterne, kleine Tannenbäume, Kreise oder Kerzen aus dem weißen Papier aus. „Schmücken" Sie damit die Tannenbäume und kleben alles auf den Bäumen auf. Aus buntem Papier stellen Sie jetzt genau die gleichen Formen mehrmals her. Falten Sie eine Schachtel und legen Sie die fertigen Formen hinein.

Einführung: Selbstständig spielen und entdecken

Den Kindern fällt bestimmt sofort auf, dass dieser Tannenbaum noch ziemlich farblos und nur in Weiß geschmückt ist. Sprechen Sie die einzelnen Formen und Gegenstände mit den Kindern durch.
Dann dürfen die Kinder aus den bunten Formen die gleiche Form suchen und den Tannenbaum schmücken.
Da die Formen und Gegenstände in mehreren Farben vorhanden sind, werden die Bäume bei jedem erneuten Schmücken immer anders aussehen.

Tipp

Stellen Sie Formen in unterschiedlichen Größen her, so müssen die Kinder später noch genauer aufpassen, ob die Form passt.

18 Handschuhe

Handschuhe besticken: In dieser Lernschublade können die Kinder mit etwas Fädelei tolle Muster rund um die Handschuhvorlagen sticken. Das macht nicht nur Spaß, sondern es trainiert auch die Feinmotorik.

Alter ab 4 Jahren

Ziele Feinmotorik, Ausdauer, Konzentration

Material Kopiervorlage „Handschuh“, weißer Tonkarton, buntes Papier oder Farbstifte, Schere, Kleber, bunte Schnur zum Fädeln oder Schnürsenkel (Länge: ca. 2 m), Lochzange, Tonkarton (Unterlage)

Herstellung

Übertragen Sie die Vorlage des Handschuhs auf weißen Tonkarton. Stellen Sie auf diese Weise am besten gleich drei oder vier Handschuhe her. Gestalten Sie mit den Kindern die Handschuhe bunt. Dazu können die Kinder die Handschuhe bemalen oder mit buntem Papier und Mustern bekleben. Allerdings sollte nichts abstehen, damit es die Kinder später beim Fädeln nicht stört. So sollten drei oder vier unterschiedliche einzelne Handschuhe entstehen. Stanzen Sie am Rand jedes Handschuhs entlang Löcher in einem Abstand von etwa 2 cm ein. Dazu benutzen Sie am besten eine Lochzange.

Einführung: Selbstständig spielen und entdecken

Bestimmt wissen die Kinder, wie Handschuhe aussehen. Schauen Sie doch einige echte Handschuhe an! Wofür braucht man Handschuhe? Wann sind sie besonders wichtig?
Bei diesen Handschuhen fehlt noch etwas: Mit der Schnur können die Kinder sie noch verzieren. Dazu fädeln sie die Schnur durch alle Löcher. Lassen Sie die Kinder selbst

experimentieren: Beim Fädeln müssen sie abwechselnd von unten und von oben einfädeln, damit ein schönes Muster entsteht.

Tipp

Fertigen Sie mehrere unterschiedliche Handschuhe an und legen Sie bunte Schnüre oder Schnürsenkel (beispielsweise auch mit bunten Mustern) bereit. So gestalten Sie diese Schublade noch attraktiver.

19 Schneemann

Die Schneemänner in dieser Schublade brauchen dringend frischen Schnee. Ob die Kinder ihnen helfen können? Das ist gar nicht so einfach, denn dazu müssen die Kinder erst die richtige Farbe würfeln.

Alter ab 2 Jahren

Ziele Farbenlehre, Konzentration, Ausdauer

Material Kopiervorlage „Schneemann", Schere, Kleber, 3 gleiche Gläser (nicht höher als die Schublade), weißes, rotes, blaues, orangefarbenes, schwarzes und gelbes Papier, Würfel, weiße Verpackungschips (alternativ Wattebäusche), 6 Wackelaugen (0,5 cm), Tonkarton (Unterlage)

Herstellung

Kopieren Sie die Vorlage dreimal auf je einen Bogen weißes Papier. Schneiden Sie alle drei Schneemänner innerhalb des Papiers aus, sodass an dieser Stelle ein Loch entsteht. Legen Sie das Papier um die Gläser und schneiden Sie die überstehenden Ränder so ab, dass ein Streifen entsteht, der genau um das Glas passt. Kleben Sie diesen Streifen um das Glas fest an.
Übertragen Sie den Schal je einmal auf gelbes, rotes und blaues Papier, die Karotte dreimal auf orangefarbenes Papier und den Hut dreimal auf schwarzes Papier. Alles ausschneiden und mit den Wackelaugen an den Schneemännern ankleben. Gestalten Sie noch den Würfel, kleben Sie auf jeweils zwei Seiten einen roten, einen blauen und einen gelben Punkt. Oder Sie verwenden einen fertigen Farbenwürfel mit den entsprechenden Farben.

Einführung: Selbstständig spielen und entdecken

Welche Farbe haben denn eigentlich Schneemänner? Das wissen die Kinder bestimmt sofort. Betrachten Sie gemeinsam den Inhalt der Schublade. Die Schneemänner auf den Gläsern sind noch ganz durchsichtig. Können die Kinder sie „füttern“, indem sie die weißen Bällchen in die Gläser legen? Aber halt: Ganz so einfach ist es nicht, denn die Kinder müssen zuerst würfeln. Verstehen die Kinder schon von selbst den Sinn des Spiels? Wenn die Farbe Rot gewürfelt wird, bekommt der Schneemann mit dem roten Schal ein Häppchen Schnee. Würfelt ein Kind die Farbe Blau, darf sich der Schneemann mit dem blauen Schal freuen und so weiter. Sind alle Schneebälle aufgebraucht, ist das Spiel zu Ende und die Kinder haben die Aufgabe erfüllt. Noch spannender wird es, wenn die Kinder vorher wetten: Welcher Schneemann ist wohl als Erstes fertig gefüttert?

Tipp

Statt mit nur drei Farben und drei Schneemännern zu spielen, können Sie das Spiel erweitern und mit sechs Schneemännern spielen. Jede Würfelseite kann dann eine andere Farbe erhalten.

20 Vogelhäuschen

Haben Sie ein Futterhäuschen im Kita-Garten? Dort können die Kinder nämlich mit etwas Glück Wintervögel aus nächster Nähe beobachten. In diesem Spiel sortieren die Kinder Vögel im Futterhäuschen, aber dazu müssen sie schon etwas zählen können.

Alter ab 4 Jahren

Ziele Mengen erfassen, Zahlen erkennen, Zählen, Merkfähigkeit, Konzentration

Material Kopiervorlage „Vogelhaus“, weißes Mal- oder Kopierpapier, Farbstifte, buntes Papier, schwarzer Filzstift, Schere, Kleber, Tonkarton (Unterlage)

Herstellung

Kopieren Sie die Vorlage fünfmal auf weißes Papier, sodass sie das Vogelhaus fünfmal und den Vogel 15-mal haben. Die Kinder malen die Vogelhäuschen nach eigenen Ideen an oder bekleben sie mit buntem Papier. Schreiben Sie auf jedes Vogelhäuschen eine Zahl zwischen eins und fünf.
Auch die Vögel können die Kinder nach eigenen Ideen bunt anmalen. Danach die Vögel einzeln zuschneiden und auch die Vogelhäuschen ausschneiden.

Einführung: Selbstständig spielen und entdecken

Betrachten Sie gemeinsam die Häuschen. Kennen die Kinder die Zahlen auf den Häuschen? Können Sie bis zu jeder Zahl mitzählen? Legen Sie nun die Vögel dazu. Finden

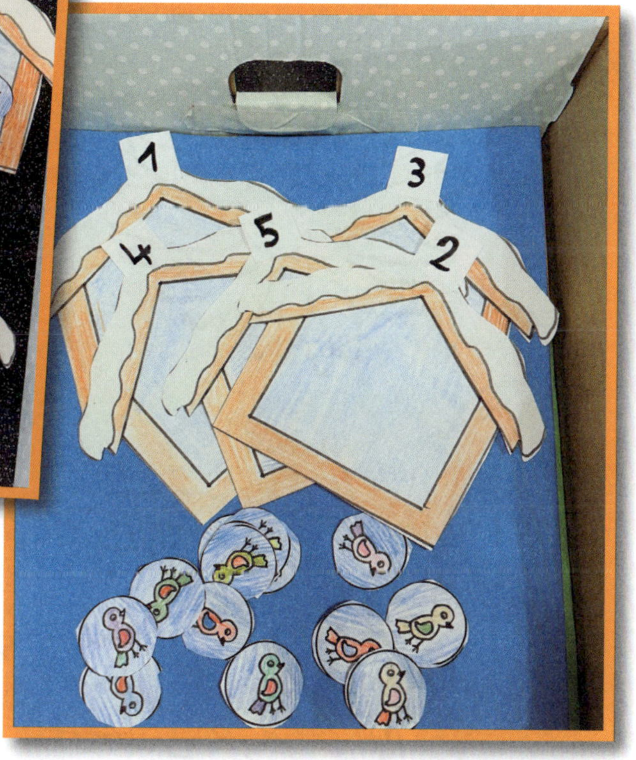

die Kinder schon selbst die Aufgabe in dieser Lernschublade heraus? Die Kinder sollen immer so viele Vögel in jedes Häuschen legen, dass ihre Anzahl der Ziffer auf dem Häuschendach entspricht.
Bei dieser Aufgabe können sich die Kinder selbst überprüfen: Wenn ein Vogel übrig bleibt oder fehlt, haben sie nicht richtig gerechnet. Wo könnte der Vogel fehlen? Gemeinsam finden die Kinder bestimmt die Lösung.

Tipp

Sie können die Anzahl der Vogelhäuschen auch erhöhen und die Vorlage zehnmal kopieren, Dann stehen zehn Vogelhäuschen zur Verfügung, in die die Vögel einziehen können. Dann einfach auch die Anzahl von Vögeln auf 55 erhöhen.

Frühlingsblumen I

Gänseblümchen

Hyazinthe

Frühlingsblumen 2

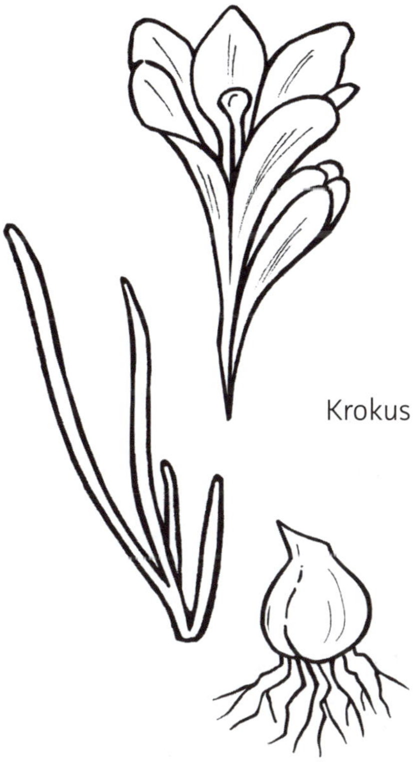

Krokus

Osterglocke

Schneeglöckchen

Frühlingsblumen 3

Tulpe

Löwenzahn

Blütenformen

Blütenspiel

Schnecke

Osterhase

Smoothie

Eistüten

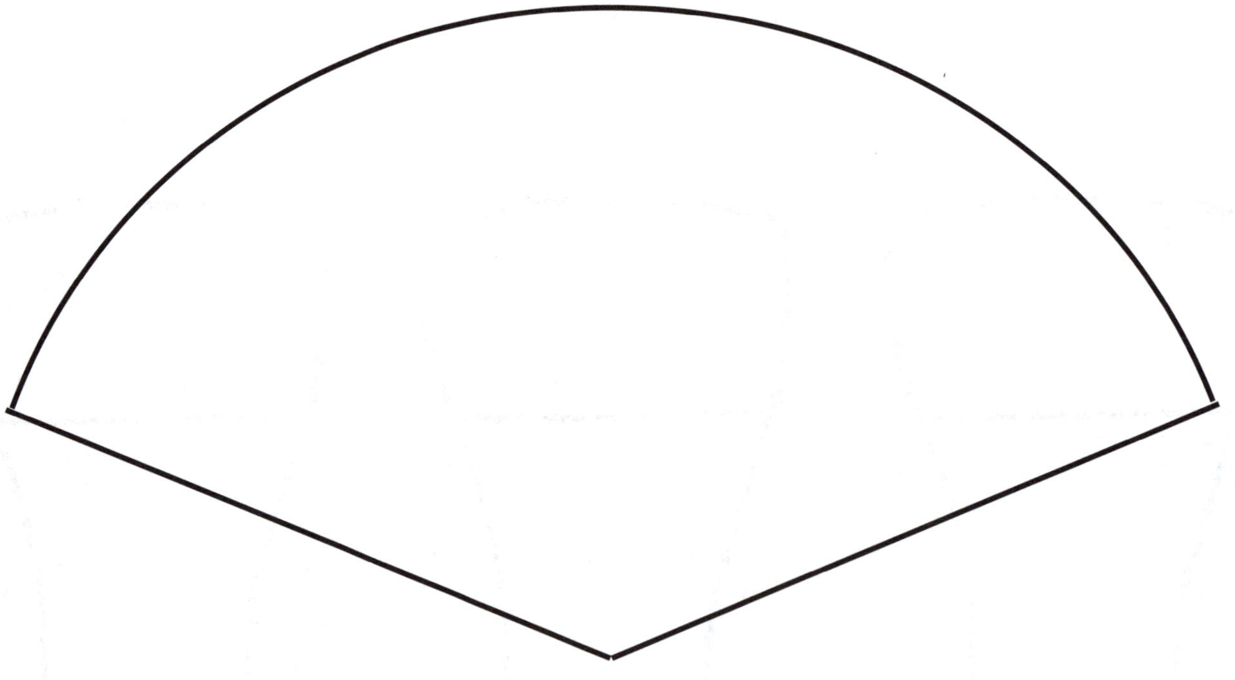

Mein Schatten I

Mein Schatten 2

Fische

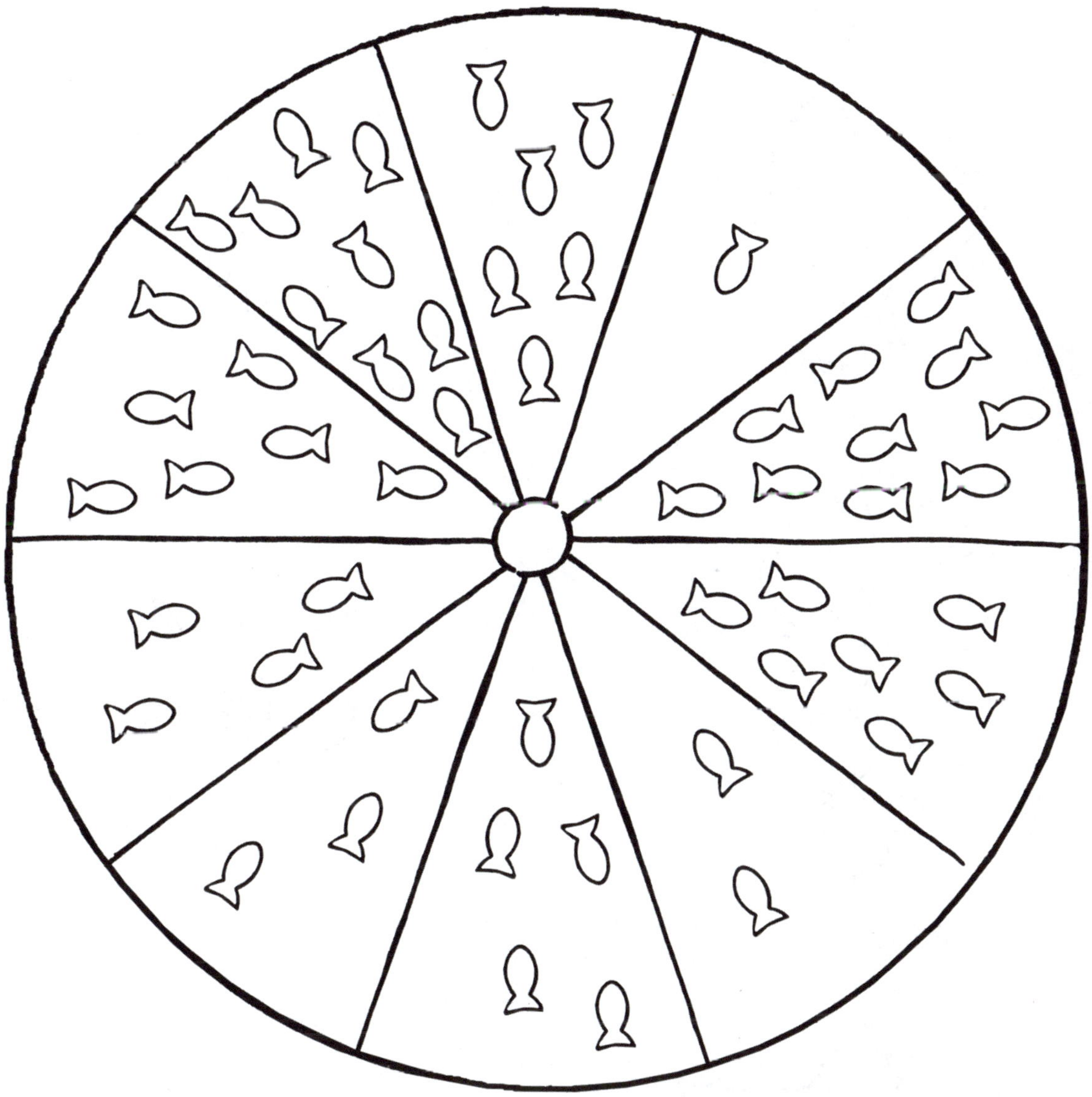

Blätter und Früchte I

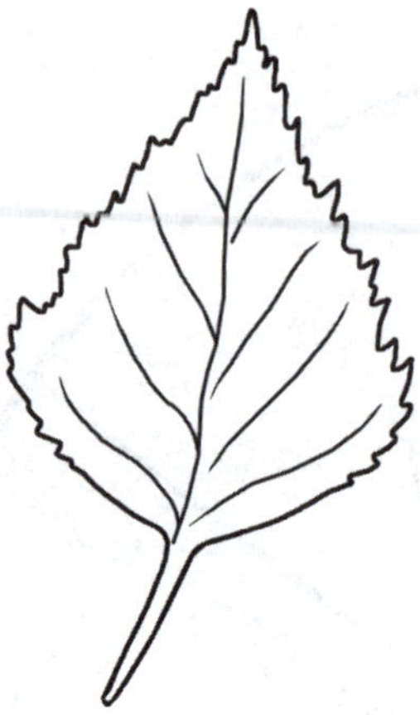

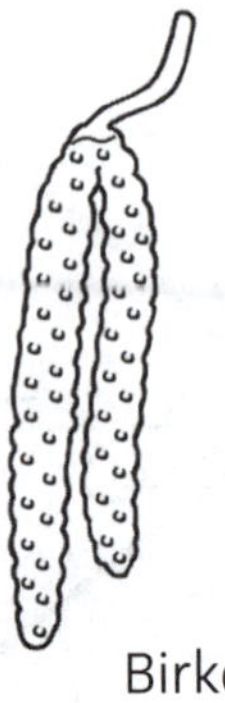

Birke

Eiche

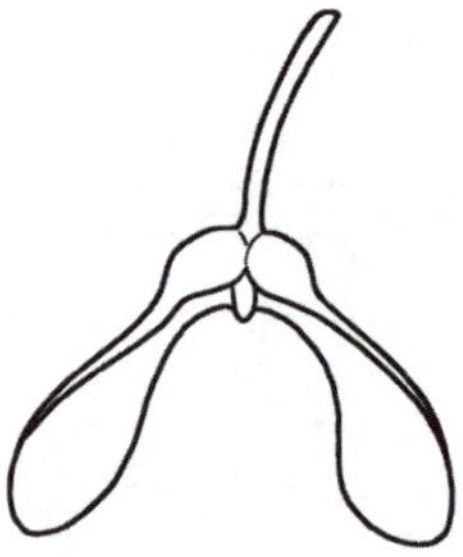

Ahorn

Blätter und Früchte 2

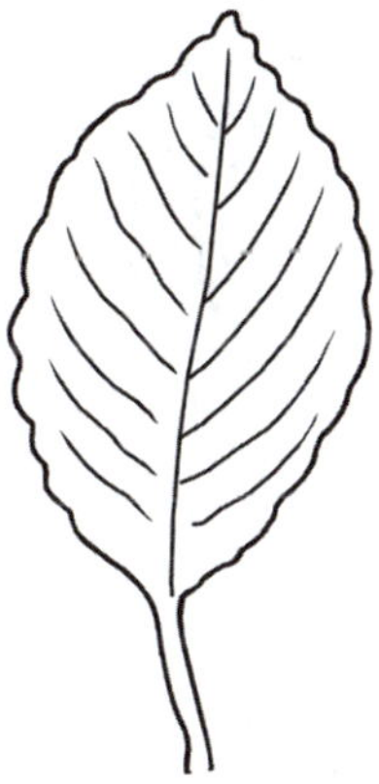

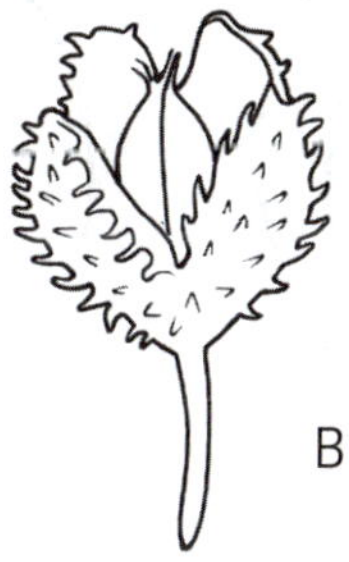

Buche

Kastanie

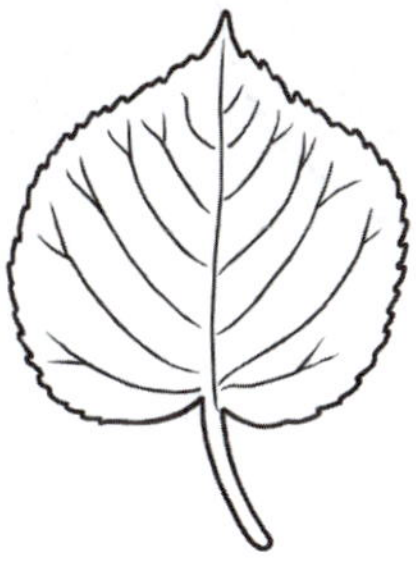

Linde

Obst

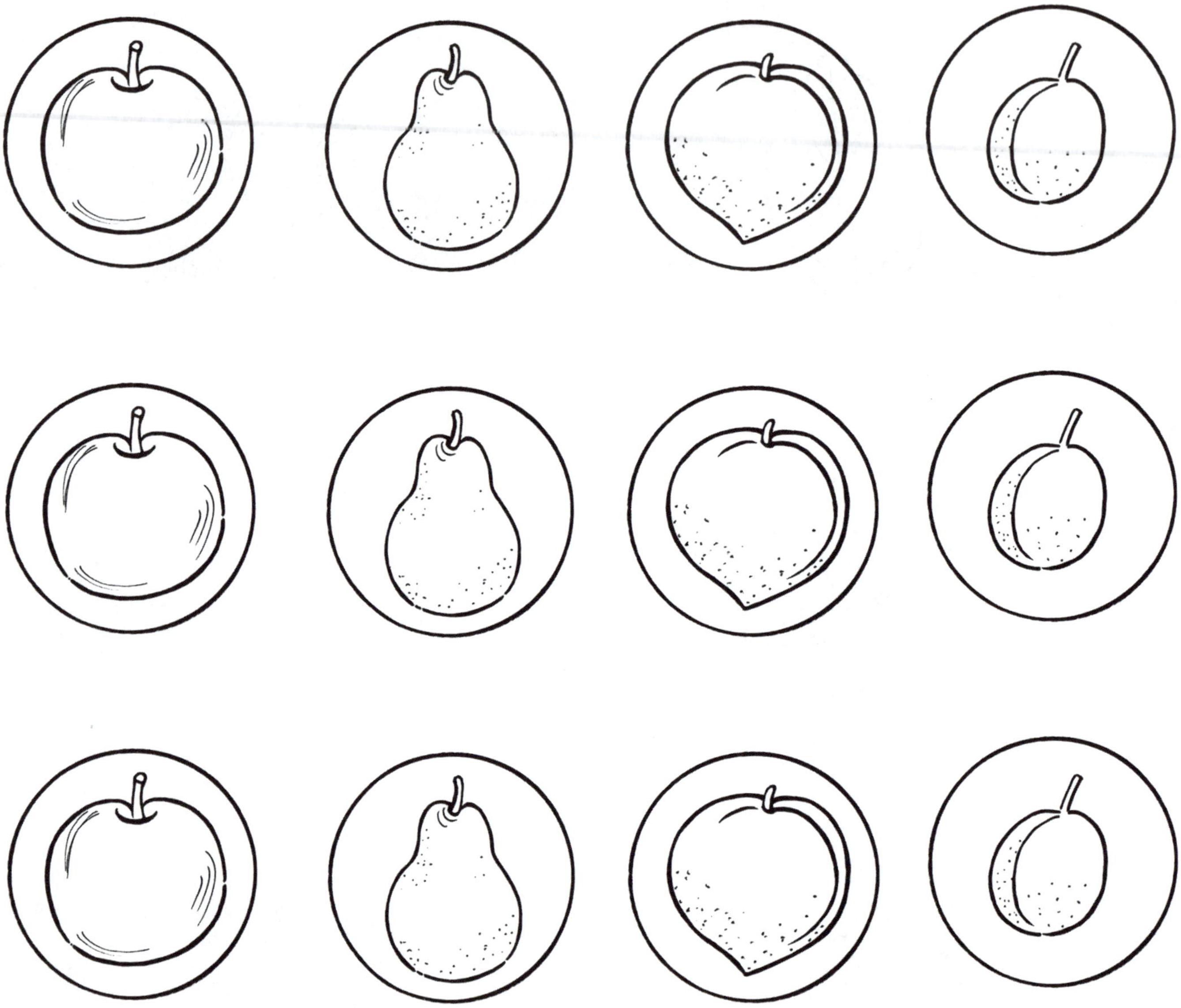

Baumfrüchte

Apfel

Anziehpuppen

Winterkleidung

Schneemann

Vogelhaus

Handschuh

Bibliografische Information der Deutschen Bibliothek
Die Deutsche Bibliothek verzeichnet diese Publikation in der Deutschen Nationalbibliografie; detaillierte bibliografische Daten sind im Internet über http://dnb.ddb.de abrufbar.

1. Auflage 2023

Texte: Anja Mohr
Fotos: Anja Mohr
mit Ausnahme von S. 1 © anoushkatoronto – Adobe Stock, S. 4 © anoushkatoronto – Adobe Stock, S. 5 © famveldman – Adobe Stock, S. 10 rechts © Biewer_Jürgen – Adobe Stock, S. 19 links © sergo321 – Adobe Stock, S. 26 links © Africa Studio – Adobe Stock, S. 34 links © Kristin Gründler – Adobe Stock
Kopiervorlagen: Rebecca Meyer

Druck und Bindung: Grafisches Centrum Cuno, Calbe

ISBN 978-3-7806- 5187-7